AF360356

CATALOGUE

D'UNE COLLECTION

DE TABLEAUX

DES TROIS ECOLES,

Dessins montés, Estampes encadrées et en feuilles, Gouaches sous verre; Marbres et Bronzes antiques, tels que Bustes et Figures en pied, Idoles et antiquités indiennes et égyptiennes; Vases d'albâtre, de porphyre, et autres de belles matières; Monumens en rouge antique, Terres cuites; Vases étrusques; Ivoires sculptés; Armures; Lunettes acromatiques et autres par Dolton; Globes célestes avec Boussole; Porcelaines de Sèvres, du Japon; Pierres gravées, Médailles et Médaillers.

Le tout provenant du Cabinet de M. M.* de N. ***.**

Dont la vente aura lieu les 6, 7 , 8 et 9 Mars 1816, à six heures très-précises de relevée, rue Tait-bout, N.° 16, et l'exposition publique, les 3 , 4 et 5, depuis midi jusqu'à quatre heures.

SE DISTRIBUE:

Chez M. Poultier, Commissaire-priseur, rue des Quatre-Vents, N.° 13.

Et Chez M. Paillet, rue Grange-Batelière , N.° 24.

Dubray, Imprimeur, rue Ventadour, n. 5.

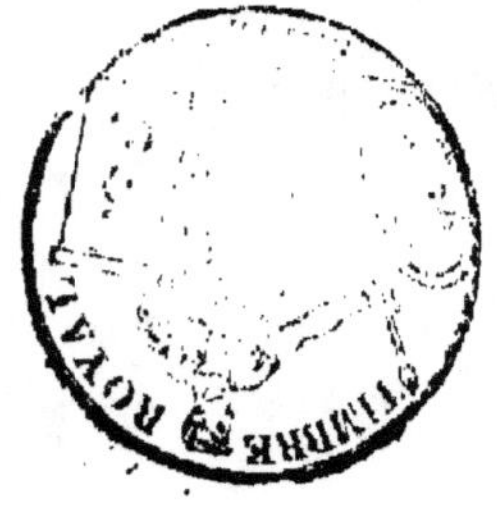

CATALOGUE

D'UNE COLLECTION

DE TABLEAUX

DES TROIS ECOLES.

Nicolas POUSSIN.

1. — Une étude terminée, offrant le sujet de la Scène. Nous ne nous étendrons point sur les détails de cette composition tant de fois traitée par les peintres les plus habiles. Nous recommanderons seulement ce morceau, comme un objet rare à rencontrer, et dont l'originalité ne nous paraît contestable sous aucun point, nous en déclarons l'authenticité, parcequ'elle est évidente, et que si nous ne présentons pas aux yeux du public un tableau capital de ce maître, du moins, nous ne profanons point un nom plein de respect et de vénération pour les artistes et amateurs des beaux arts. *H.* 16 *p.*, *l.* 20. T·

F. FRANCIA.

2. — La Vierge tenant devant elle l'enfant
Jésus debout, elle est accompagnée de Saint-
Thomas qui tient de sa main droite l'instrument du martyr de N. S. Ce tableau parfai-
tement conservé, et d'un aspect aimable, re-
trace les beautés de l'école italienne, par la
fraîcheur du coloris et la correction du dessin
réunis à la grâce dans les contours. *H.* 24, *p*
l. 22. B.

SASSO FERATA.

3. — La Vierge ayant les mains jointes, et
dans l'attitude de la douleur, a la tête cou-
verte d'une draperie bleue. Ce tableau d'une
belle expression, est peint avec la suavité et
cette manière large qui distinguent ce maitre
habile. *H.* 20 *p.*, *l.* 18. T.

PERRIN del VAGO.

4. — Sainte-Catherine vue jusqu'à mi corps,
la main droite posée sur sa poitrine, et l'autre
sur la roue, instrument de son supplice, la tête
vue presque de face, se détache sur un ciel
brillant. *H.* 30 *p.*, *l.* . B.

M.elle LESCOT.

5. — Une jeune fille Romaine, à genoux devant un autel, vient y déposer une couronne de fleurs. Ce sujet d'une extrême simplicité, est traité avec toute la grâce possible, et digne des éloges mérités à cette jeune artiste, dont le pinceau a plus de fermeté d'exécution qu'il n'est ordinaire de le trouver dans les émules de son sexe. Nous ne doutons pas que les amateurs de goût ne s'empressent de rivaliser pour ajouter à leur collection un des plus jolis ouvrages modernes qui se rencontrent rarement dans le commerce. *H*. 16 *p*., *l*. 12. T.

M. GRANET.

6. — Intérieur d'une chapelle gothique à Lyon. On aperçoit dans l'enfoncement d'une des voûtes, un autel où trois religieuses sont agenouillées et en prières. Cet édifice souterrain est décoré d'écussons et de sculptures.

PAR LE MÊME.

7. — Un autre tableau pouvant faire pendant au précédent, et représentant l'intérieur du cloître de Roseli, à Rome. On y distingue cinq figures de moines, dont un paraît indiquer du doigt, à un guerrier, la porte de sortie. Ces

deux Tableaux, proportion de chevalet, sont d'un effet piquant, et de cette touche de goût qui caractérisent leur auteur. *L.* 16 *p.*, *h.* 14.

M. CHAUVIN.

8. — La vue d'un site montagneux, près des environs de Tivoli. Du haut d'un rocher très-élevé, jaillit une source d'eau qui alimente une rivière au bord de laquelle sont plantés plusieurs arbres et broussailles sauvages. Les hauteurs de ces rochers sont couronnées par plusieurs fabriques et maisons qui indiquent la ville de Tivoli. Le peintre a ajouté, pour épisode, un chasseur qui paraît tirer sur des oiseaux. Des éloges ont déjà été donnés à M. Chauvin, sans que nous ayons besoin de lui en prodiguer de nouveaux; les amateurs éclairés jugeront eux-mêmes du mérite de ses productions. *H.* 28 *p.*, *l.* 18. T.

M. VERSTAPPEN.

9. — Autre vue des environs de Tivoli, pouvant faire pendant au tableau précédent. Ce paysage d'après nature, est d'un effet de soleil ardent que le peintre a fait passer dans toutes les parties qui sont exposées à nos regards, et rendus avec une vérité qui produit illusion. Au

pied d'un très-gros arbre qui lui sert d'ombrage, on voit un pâtre qui joue de la musette en gardant ses moutons. Les différens ouvrages que M. Verstappen a exposés au salon, et les suffrages qu'ils ont obtenus, nous dispensent des éloges dont nous lui serions redevables, si nous n'ajoutions que c'est un des pensionnaires de la Hollande qui mette le mieux à profit les encouragemens qu'il reçoit de sa patrie. *H.* 28 *p.*, *l.* 18. **T.**

M. LEMASLE.

10 — Intérieur d'un cloître. Quatre jeunes filles romaines viennent présenter leurs hommages à la sœur abesse qui donne à l'une d'elles un baiser. Ce tableau qui porte la date de 1813 est d'un peintre dont les ouvrages nous sont peu connus et qui paraît néanmoins rivaliser de mérite avec les artistes ses contemporains, qui ont adopté ce genre. *H.* 30 *p.*, *l.* 42. **T.**

SABLET.

11. — Un paysan assis et portant ses regards devant une croix; il a la main gauche appuyée sur un livre de prières, et paraît de l'autre, faire un acte de contrition. Cette étude

librement touchée offre, dans la tête du vieillard , beaucoup de noblesse. *H.* 14*p.*, *l.* 12. T.

LE CARAVAGE.

12. — une paysanne romaine vue jusqu'à mi-corps , la tête coiffée d'une étoffe blanche et portant à la main une corbeille de fleurs.

PARMESAN.

13. — Sainte Cécile jouant d'un instrument et ayant à ses côtés l'ange qui lui présente un livre de musique. *H.* 26 *p.* , *l.* 24. T.

LE GUIDE.

14. — Cléopâtre se donnant la mort par la morsure d'un aspic. Cette figure presque nue est vue jusqu'à mi-corps, la tête penchée et le regard élevé vers le ciel. *H.* 30 *p.*, *l.* 24. T.

LE BAROCHE.

15. — Sainte Catherine appuyant une main sur la roue et l'autre sur sa poitrine. *H.* 28 *p.*, *l.* 22. T.

Louis CARRACHE.

16. — La Vierge , l'Enfant Jésus et le petit Saint Jean ; figures plus fortes que nature.

PESARESE.

17. — Tête de Vieillard.

J. F. PENNI, dit le FATTORE.

18. — Le Christ descendu de la croix et entouré de plusieurs figures ; on aperçoit sur les hauteurs l'indication d'une ville. *H.* 14 *p.*, *l.* 12. B.

PRIMATICE.

19. — Vénus assise sur un lit de repos, l'Amour adolescent est debout auprès d'elle. Ce tableau d'un beau dessin et d'un sujet gracieux serait bien convenable à l'ornement d'une belle galerie. *H.* 5 *pieds*, *l.* 3 *pieds* 10. *p. T.*

J. JORDANS.

20 — Silène entre deux Bacchantes. Tableau d'une très-petite proportion pour ce maître, et d'une belle couleur.

PARMESAN.

21. — La Vierge assise et tenant sur ses genoux l'Enfant Jésus. Petit tableau précieux et portant un caractère d'originalité de maître. *H.* 5 *p.*, *l.* 4.

POZZI.

22. — Intérieur d'un cloître dont le percé laisse découvrir une étendue de rivière bordée de montagnes. On aperçoit sous cet édifice

d'ancienne architecture plusieurs personnages sur des plans différens.

ORIZONTI.

23. — Deux paysages de style historique.

SALVATOR Rosa.

24. — Site montagneux planté d'arbres sauvages.

M. LABRUZZI.

25. — Vue de la plaine de Pautano, dont l'effet est pris au déclin du soleil. On voit sur le premier plan un satyre jouant de la flute avec des nymphes. *H.* 20 *p.*, *l.* 24. T.

Fran. GUARDI.

26. — Une vue de Venise. Ce peintre, élève de *Canaletti*, a tellement saisi la manière de son maître que ses tableaux sont souvent attribués à ce dernier. *L.* 13 *p.*, *h.* 9. B.

PAR LE MEME.

26 — Deux autres petites vues de Venise. *L.* 5 *p.*, *h.* 4. B.

LUCAS DE LEYDE.

28. — Une Descente de Croix ; composition de 6 figures. La vérité et la finesse d'exécution

de ce joli tableau le rendent précieux autant
par son ancienneté que par sa parfaite conservation. *H.* 18 *p.*, *l.* 12. B.

D'après TENIERS.

29. — Deux fumeurs.

Bonnaventure PETERS.

30. — Grande marine. Très-bon tableau de
ce maître.

D'après METZU.

31. — Un marchand et sa servante, bonne
imitation de ce maître.

ECHARD.

32. — Marine avec fabriques.

HUBER.

33. — Halte de cavalerie.

DELARIVE.

34. — Paysage avec animaux.

HUTIN.

35. — Tableau représentant un vieillard
assis.

INCONNU.

36. — Petit paysage avec figures.

ECOLE ALLEMANDE.

37. — Deux portes d'un tableau, représentant l'Annonciation et la Fuite en Egypte. Tableaux curieux pour l'histoire de cette Ecole. *H. 3 pieds 4 p., l. 2 pieds. B.*

MÊME ECOLE.

38. — Deux autres tableaux représentant la mort de Lucrèce et Mucius Scœvola. Ces sujets sont traités à la manière du tems où vivait l'auteur, avec les costumes singuliers de cette époque, et précieux dans leurs détails. Ce maître était l'émule d'*Albert Durer. H. 3 pieds 1 p., l. 2 pieds 2 p. B.*

ECOLE VENITIENNE.

39. — Une Sainte Famille. *H. 2 pieds, l. 1 pied 7 p. B.*

ECOLE ROMAINE ANCIENNE.

40 — Deux tableaux, un ange et une Madelaine. Morceaux qui rappellent les époques du *Perugin. H. 1 pied 6 p., l. 1 pied. B.*

C. CIGNANI.

41. — Agar dans le désert ; l'ange lui indique la source d'eau qui doit la désaltérer. *H. 4 pieds 8 p., l. 3 pieds 8 p. T.*

ECOLE LOMBARDE.

42. — Deux tableaux; l'un sujet du Christ et la Madelaine, l'autre un ange et trois femmes au tombeau. On ne cherche pas à attribuer ces productions à l'un des maîtres célèbres de cette Ecole, quoiqu'ils s'en rapprochent par le style et la couleur. *L.* 24 *p.*, *H.* 16. B.

ECOLE DE LEONARD DE VINCI

43. — La Vierge et l'Enfant Jésus. Ce tableau tient à la manière de *Salaino* et peut lui être attribué. *H.* 1 *pied* 9 *p.*, *l.* 1 *pied* 3 *p.* B.

MEME ECOLE.

44, — Un tableau représentant une porte du purgatoire d'où J.-C. retire quelques ames. Ce sujet singulier est traité dans une bonne manière, et dans une belle imitation des ouvrages de cette Ecole. *H.* 3 *pieds* 4 *p.*, *l.* 1 *pied* 4 *p.* B.

SCHIDONE.

45. — Saint Cristophe et l'Enfant Jésus. Petit tableau peint sur ardoise. *H.* 6 *p.*, *l.* 4.

Attribué au TITIEN.

46. — Portrait d'homme, proportion de demi nature.

Style de l'ALBANE.

47. — La Vierge, l'Enfant Jésus et saint Joseph, à l'ombre d'un palmier, reçoivent des présens des deux Anges prosternés à leurs pieds. Petit tableau précieux et d'un beau pinceau Il est de forme ovale.

SCHIDONE.

48. — Deux études de têtes remplies d'expression, d'une touche large et d'une très-belle couleur.

MANGLARD.

49. — Deux petites marines , représentant l'une une vue de pleine mer à l'effet de clair de lune , et l'autre un rivage où l'on distingue plusieurs figures.

VIGNON.

5o. — Tête de Vieillard.

attribué à ANT. MOOR.

51. — Portrait d'homme vêtu de noir avec une fraise au col et une toque noire sur la tête.

A. VATEAU.

52. — Deux sujets peints à la gouache et

sur soie, provenans du cabinet de M. de Montigny.

Absoven.

53. — Des fumeurs dans une tabagie.

d'aprés Teniers.

54. — Le concert champêtre.

Van Uden.

55. — Paysage sur le devant duquel est une Madelaine à genoux. Dans le fond on aperçoit une indication de ville.

Subleiras.

56. — Un chartreux portant un calice.

Constantin Netscher.

57. — Portrait d'une femme assise, dans un riche ajustement d'étoffes.

Romanelli.

58. — Deux figures de femmes dont une muse tenant une lyre et une couronne de laurier, et Minerve tenant une lance et un bouclier.

Par le même.

59. — La justice et la paix.

Boilly.

60. — Une jeune femme prête à se baigner

et craignant d'être surprise, quoiqu'avertie par son chien.

VAN MOL.

61. — L'Adoration des bergers , belle composition de nombre de figures.

COXIE.

62. — Les cinq cents , réunion de personnages dont les uns boivent et d'autres font de la musique.

Pierre de LAAR.

63. — Des marchands distribuants des chansons.

SCHENAUD.

64. — Deux jolis tableaux faisant pendants et connus sous le titre de l'absence et du retour.

Attribué à Carlo CIGNANI.

65. — La Vierge assise tenant l'Enfant Jésus.

Van ARTOIS.

66. — Deux paysages avec figures de *Baudoins.*

BRUANDET.

67. — Deux petits paysages.

FRANCK.

68. — Quatre sujets allégoriques.

LANTARA.

69. == Un paysage de forme ovale.

Bonaventure PETERS.

70. = Petite marine à effet de tempête.

Van UDEN.

71. = Un paysage, site de la Hollande.

Constantin NETSCHER.

72. = Un portrait de femme sous le costume de Diane.

CRÉPIN.

73. == Un paysage représentant une forêt avec figures par M. *de Marne*.

BAPTISTE.

74. == Deux sujets de fleurs, forme ronde.

SARRAZIN.

75. — Deux paysages avec un Château-fort.

DELORME.

76. — Intérieur d'une Église de protestans. D'après P. VERONESE.

77. — Une très-belle copie d'après le beau tableau des noces de Cana, dont l'original est au musée du France.

PAR DIFFÉRENS MAITRES.

78. — La Vierge tenant l'Enfant Jésus, morceau qui tient beaucoup à la manière du Garofalo, auquel il a été attribué.

79. — Très-beau paysage d'un style sévère et attribué au *Guaspre*.

80. — Sainte Catherine, par Luini.

81. — Deux points de vue, par Zucharelli.

82. — Portrait de Lavinia Fontania, peint par elle-même.

83. — Portrait de femme, par P. Véronèse.

84. — Le sujet de la Crèche, par Bloemart.

85. — Paysage, style du Bolognèse.

86. — La Vierge en pleurs, d'après le Ribera.

DESSINS ENCADRÉS.

CALLOT.

87. — Le Jugement dernier.

ALBERT DURER.

88. — Le portrait d'Erasme.

LE GUERCHIN.

89. — Vénus demandant à Vulcain l'armure d'Énée, et Iunon priant Eole de retenir les vents.

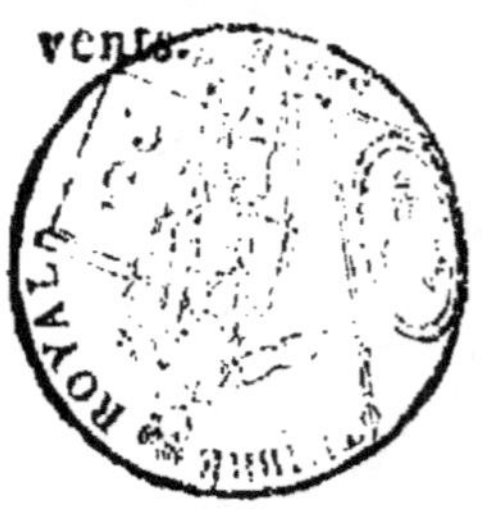

Françõis VANIUS.

90. — Saint François visité par un Ange.

Martin DEVOS.

91. — Esaü se soumettant à son frère Jacob.

Jules-César PROCACINI.

92. — Martyr de Saint Laurent.

OWERLAET.

93. — Un berger assis.

LEBAROCHE.

94. — Une Sainte Famille.

Paul VÉRONÈSE.

95. — Descente de Croix.

Jules ROMAIN.

96. — Moïse, composition d'après *Raphaël*.

Sébastien RICCI.

97. — Une femme convertie recevant le baprême.

RIGAUD.

98. — Un portrait d'homme cuirassé.

OTTO VÉNIUS.

99. — Des femmes sortant d'une ville et emmenant leurs enfans.

RAYMOND DE LA FAGE.

100. — Sujet de Bacchanales.

POLIDOR DE CARAVAGE.

101. — Un Arc triomphal.

Hubert VAN EYECK.

102. — La Vierge, l'Enfant Jésus et un Ange.

J. STELLA.

103. — La Fuite en Egypte, et le mariage de la Vierge.

LE GUERCHIN.

104. — Le quarré formant la partie supérieure du grand tableau du Musée.

SALVATOR ROSA.

105. — La Vierge apparaissant à Saint Georges.

PAR DIFFÉRENS MAITRES.

106. — Huit dessins encadrés et un porte-feuille contenant divers bons dessins.

GOUACHES SOUS VERRE.
Par MICHEL-ANGE MAESTRI.

107. — Une suite, représentant les 12 heures d'après *Raphaël*.

108. — Une autre suite, sujet des 12 mois.

109 — Sept autres; les sept planètes, entourées de vignettes coloriées.

110 — Six amours, d'après *Raphaël*.

111. — Six autres, d'après *Jules Romain*.

112. — Douze pièces de la maison d'*Antoine*, estampes coloriées et mêlées de gouaches.

114. — Les noces de l'Amour et Psyché (gouache).

115. — Dix-sept autres pièces, d'après *Raphaël*, *Périn Delvago*, *le Guide et autres*.

ESTAMPES ENCADRÉES.

117. — Renaud et Armide, épreuve avant la lettre.

118. — Tancrède et Clorinde.

119 — Angélique et Médor, par *Delaunay*, d'après *Raoux*.

120. L'attente du plaisir, par *l'Empereur*, d'après *A. Carrache*.

121. Le Jugement de Salomon, par *Bolswerts*, d'après *Rubens*.

122. — Les faiseurs de beignets, par *Wischer*.

123. — Adam et Eve, par *Drevet*, d'après *Coypel*.

124. — Cupidon, par *Strange*.

125. — La Chasse, par *Callot*.

126. — La bonne femme et la sœur de la bonne femme de Normandie.

ESTAMPES EN FEUILLES.

127. — Un porte-feuille contenant plusieurs lots dont la majeure partie sont de maîtres.

ESTAMPES EN RECUEILS.

128. — Vasi, Candelabri, sarcofagi, par *Piraneti*. 2 vol.

129. — Vedute di Roma, *id.* 2 vol.

130. — Vedute di Roma, *Panini* 1 vol.

131. — Pitture nel Vaticano, *Raphaël*. 1 vol.

132. — Schola italiaca picturæ, *Hamilton*. 1 vol.

133. — Stampe del Duomo d'Orvieto. 1 vol.

134. — Stampe del Palazzo di Caprarola. 1 vol.

135. — Anticheta d'Ercolano. 9 vol.

136. — Anticheta, *id.* 1. vol.

137. — Anticheta di Cuma Baca. 1 vol.

138. — Bassi relieri di Zoega. 19 livraisons.

139. — Vues de Rome, par Vasi. 5. vol.

140. — Vingt-quatre vues d'Albano, par *Labbruzzi* ; en feuilles.

141. — Sculpture della villa Borghèse 2 v.

142. — Memorie encyclopedictre, di Gualtieri. 5 vol.

143. — Carricatures del cavaliere ghezzi Romane. 1 vol. Ce recueil est dessiné à la plume avec l'historique du personnage.

144. — Eneido di Virgilio en latin, avec les estampes de *Bartholi*. 3 vol. in-fol.

145. — Stampe dell' Eneido, exemplaire séparé. 1 vol. in-4.°

146. — Collection de vases étrusques de moyenne et petite grandeur.

MARBRES ANTIQUES.

147. — Bacchus debout, statue de 2 *pieds* 7 *pouces de haut*.

Faune debout faisant pendant, *même hauteur*.

148. == Cippe tumulaire bien conservé avec inscription et ornement, 3 *p*. 3 *p*. de haut.

149. == Buste de Vespasien trouvé sur la montagne de fourvière à Lyon.

150. — Buste de l'impératrice Plautille, sur colonne en stuc.

Buste de l'impératrice Mammée, faisant pendant.

151. — Buste de l'empereur Claude premier. Buste de l'empereur Galba.

152. — Buste de Valérius jeune.

155 — Torse d'Hercule jeune, *H.* 18 *p.*

154. — Torse d'Apollon dans l'attitude de jouer de la lyre. Ces deux fragmens ont été trouvés à Pésenas, ils sont sur socles de marbre noir, le premier a été monté par le sieur *Jetti.*

155 — Urne cinéraire cannelée avec son couvercle.

156. — Pierre phallique trouvée à Pompéia, représentant un triple phallus becqueté par 3 oiseaux.

Ce monument curieux sera vendu sous cachet.

157. — Tête de Mammée, bas-relief en albâtre oriental appliqué sur médaillon en marbre avec encadrement et pied douche.

158. — Tête du grand Pompée en basalte, bas-relief faisant pendant au précédent.

159. — Fragment d'un bas-relief représentant l'anubis romain avec un reste d'inscription, monument du Bas Empire.

160. — Buste de Minerve, tête en albâtre oriental rapportée sur torse en marbre violeté.

161. — Tête de femme en demi-relief.

162 — Tête de Faustine jeune, noircie par le feu, trouvée dans les fouilles du Palais-Royal.

163. = Buste de Bacchus Indien.

Tête de l'empereur Pupien, sur torse en plâtre.

164. — Buste de Jupiter Ammon et tête de femme.

165. — Environ vingt morceaux antiques, petits bustes, têtes, autel, animaux, poids et fragmens qui seront divisés.

166. = Dix-sept autres morceaux, figures et fragmens.

MARBRES MODERNES,
ou d'après l'antique.

167 = Tête de Marc-Aurelle, bas-relief en marbre appliqué sur bois noirci avec cadre doré.

Tête de Lucius Vérus faisant pendant.

168. — Tête de Vitellius, forte nature, sur pied douche.

169. — Bas-relief allégorique, un jeune homme est entraîné loin des vices et des passions par le génie de la vertu.

170. = Annonciation, bas-relief, ouvrage du moyen âge.

171. — Faune dansant et jouant des cimballes, et Faune à genoux, bas relief gothique.

172. — Figure d'un Chartreux, provenant des tombeaux des ducs de Bourgogne à la Chartreuse de Dijon.

Diacre, provenant des ornemens d'un tombeau.

173. — Fragment de bas-relief gothique.

174. — Différens morceaux de sculpture moderne.

175. — Un crucifiement, bas-relief bien composé avec cadre en bois doré, et un bénitier dont le couvercle est en argent.

BRONZES ANTIQUES.

176. — Tête de Vespasien. *6 pouces.*

177. — Tête de Brutus jeune. *7 pouces.*

178. — Minerve debout. *9 pouces et demi.*

179. — Figure héroïque nue. *8 pouces.*

180. — Femme grecque, vêtue de la tunique et du peplon. *7 pouces.*

181. — Diane Lucifer sur socle en marbre. *5 pouces.*

182. — Diane Lare, ayant sur la tête une peau de chien. *5 pouces et demi.*

183. — Hercule Gaulois. *5 pouces.*

184. — La Fortune debout. *5 pouces et demi.*

185. — Hercule debout. *5 pouces.*

186. — Junon debout. *5 pouces.*

187. — Vénus debout. *5 pouces.*

188. — Camille tenant une patère. *4 pouc.*

189 — Mars debout. *4 pouces et demi.*

190. — Hercule Gaulois, sur socle antique. *5 pouces.*

191. — Figure de femme voilée. *3 pouces et demi.*

192. — Minerve Grecque. *3 pouces*

193. — Figure étrusque. *3 pouces.*

194. — Apollon (Fer), trouvé au Luxembourg. *3 pouces.*

195. — Vénus debout et nue. *3 pouces et demi.*

196. — Minerve tenant une patère. *3 pouc.*

197. — La chèvre Amalthée. *4 pouc. et demi.*

198. — Minerve debout. *3 pouces.*

199. — Figure d'homme, trouvée à Carpentras. *3 pouces.*

200. — Minerve étrusque, bronze curieux. *2 pouces et demi.*

201. — Figure consulaire. *3 pouces.*

202. — La Victoire sur un globe et tenant une couronne. *3 pouces.*

203. — Harpocrate Panthée assis. *2 pouces et demi.*

204. — Lave, ayant la forme de larmes, trouvée à Naples.

205. — Une main de femme. *6 pouces.*

206. — Un bélier.

207. — Buste de Diane. *4 pouces.*

208. — Tête de cerf. *4 pouces et demi.*

209. — Fragment de buste d'un jeune Romain, ayant au col la bulle. *6 pouces.*

210. — Quatre lampes sépulchrales, dont une en forme de cœur.

211. — Buste de Vulcain. *2 pouces et demi.*

212. — Cheval à la course. *3 pouces.*

213. — Monstre marin trouvé à Marseille, et gravé.

214. — Mercure anubis. *4 pouces et demi.*

215. — Divinité sarde, les bras étendus. *5 pouces.*

216. Buste de Minerve. *5 pouces et demi.*

217. — Prêtre égyptien accroupi. *4 pouces et demi.*

218. — Même figure. *3 pouces et demi.*

219 — Isis, assise, tenant Horus sur ses genoux. *4 pouces et demi.*

220. — Autre, *idem. 4 pouces.*

221. — Prêtre d'Osiris. *4 pouces et demi.*

222. — Même figure. *5 pouces.*

223. — Prêtresse d'Isis, portant sur sa tête le vase sacré. *4 pouces.*

224. — Boucle de ceinture gauloise.

225. — Le bœuf Apis.

226. — Patère grecque, avec deux figures au trait.

227. — Patère avec trois caractères grecs inscrustés en argent.

228. — Patère avec l'Hercule étouffant le Lion.

229. — Grande patère pour recevoir les entrailles des victimes.

230. — Trente-six figures, animaux et autres monumens, sur socle en bois noirci.

232. — Deux autres patères de forme différente.

233. — Un fragment de harnois de cheval.

234. — Une épée.

235 — Un vase dont le fond est mobile, et trouvé en France.

236. — Diverses autres antiquités en bronze, fibulles clefs.

237. — Boucles et autres objets dont il sera fait plusieurs lots.

238. — Mercure assis, avec ses attributs; bronze remarquable par son antiquité, son volume et sa conservation.

239. — Hercule, bronze du XV.ᵉ siècle.

240. = Divinité indienne.

241. = Miroir indien constellé.

242. = Une figure gauloise en fer fondu.

TERRES CUITES, VASES ETRUSQUES ET AUTRES PIECES ANTIQUES.

244. = Quarante-huit Lampes sépulchrales, qui seront divisées en plusieurs lots.

245 = Trente-six Figures, Animaux, ex-voto et Fragmens, lots divisés.

246. = Une Figure de femme, les mains croisées au-dessus de la tête.

247 = Une Tête de Jupiter, trouvée à Pompeia, et dont le sommet est couvert de laves.

248. = Cinq Fragmens de Frises, dont quatre avec cadre en bois norci.

249. = Deux Inscriptions sur fragmens de briques.

250. == Un Mascaron de goutières

251 == Une Palmette formant frise et ornemens à un coin des maisons romaines.

252. == Quatre Fragmens de mozaïques.

253. == Un grand fragment de mozaïque
provenant du pavé d'une salle de bains.

254. == Cinq fragmens en plâtre coloriés,
cadres en bois noirci

255. == Un Cratère ou campane bien conservé,
avec sujet peint.

256 == Un autre, également avec sujet peint.

257. == Deux Bustes de terre de Nola, avec
ornemens peints.

258. == Soixante Vases étrusques, de différentes formes et grandeurs, unis ou avec
peintures.

259. == Dix Vases étrusques de belle forme
et avec suje ts peints.

260 == Trente Vases de terre commune,
différentes formes et grandeurs.

261 == Douze Vases de terre Rouge, dite
terra campana, trouvés dans les fouilles de
Luxembourg.

Ces quatre derniers articles seront détaillés

PORCELAINE DE SÉVRES.

262. == Un beau Cabaret composé de six
Tasses et soucoupes, une Théière et un Sucrier.

OBJETS CHINOIS ET INDIENS.

264. = 12. Théïeres en bocaraut de Chine, de forme curieuse et variée.

265. = Un Vase de bocaraut de l'Inde.

266. = Un Vase de porcelaine truitée, monté en bronze doré.

267. = Quatre figures en stéalite de Chine.

269. = Poids Chinois en cuivre, Poire à poudre, cuiller, Casse-tête et autres Objets qui seront vendus sous ce numéro.

CURIOSITÉS DIVERSES.

270. = Un Pied d'estal d'albâtre rubannée, *Haut de* 8 *p.*, *diamètre* 7 *p.*, avec base, tors et chapiteau de bleu turquin. *Hauteur totale*, 14 *p.*

271. = Deux colonnes tronquées, de noir d'Italie, *H.* 10 *p.*, *dia* 5 *p.* 6 *l.*, tors de lauriers et plinthes en bronze doré.

272 = Deux Vases dont l'un en albâtre de S. Felice, l'autre de rouge antique cristalisé, les anses prises dans la masse. *H* 8 *p.* 6 *l.*

273. = Une Colonne de marbre grec, avec tors et plinthe de noir d'Italie, le tout *haut de* 10 *p. sur* 3 *p.* 6 *l. de diam.*

274. = Une Table *longue de* 21 *p.* 6 *l.*, *l.*

8 *p.*, composée d'un morceau de lapis, forme de lozange, avec entourage de jaune antique formant carré.

275 = Un Vase de beau porphire en forme de buire, *haut de 5 p. sur 3 de large*, évidé très-mince, anses et pied douche de bronze doré au mat.

276. = Un éléphant de bronze, sur un double socle bien ciselé et doré au mat, chargé d'une boulle de cristal de roche sans tache, porté sur une colonne de vert antique, et posé sur une plinthe ronde, de même marbre, et une cloche de verre, le tout porte 9 *p. sur* 4.

277. = Un Buste de François Flamand, en bronze, sur pied douche.

278. = Un Hausse-col en acier et ciselé.

279. = Une Epitaphe du seizième siècle, sculptée à taille d'épargne, sur une planche de cuivre doré.

280. = Une Crosse en cuivre doré, trouvée dans le tombeau d'un abbé de Saint-Germain des Prés, à Paris

281. = Une Crosse en cuivre émaillé, représentant l'Annonciation.

282. = Une Plaque d'émail représentant les trois mages.

282. = Deux Pommeaux d'épée, dont l'un est damasquiné en argent.

283. = Deux paires d'éperons anciens, trouvés à Bordeaux.

284 = Une Masse d'armes en fer.

285 = Un Bas-relief en ivoire sculpté.

287. = Une Poire à poudre en ivoire, avec la garniture en fer bien complète.

288. = Une Porte de tabernacle en ivoire.

289 = Une petite figure de Diane, style gothique.

290. == Neuf petites Figures Egyptiennes, avec ou sans hyéroglyphes.

291 == Un Etui de pipe en ebène.

292 == Deux Chandeliers de Corse.

293 == Une partie de Vitraux peints

294 == Un fragment de sculpture gothique, en bois.

295 == Portrait en relief, sur cailloux.

296 == Deux petits cadres de pierre de Florence.

297 == Un Cadre anneis, orné de glaces et de bronze doré.

298. == Un Plat de faïence de Bernard des Palissi.

299. Un Plat de terre peinte de Faenza; cadre de bois noirci.

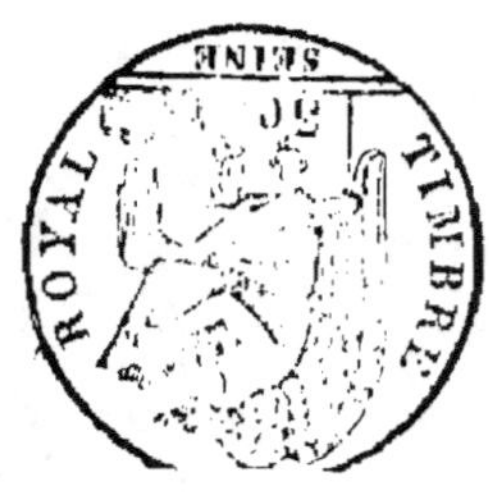

300 = Trois Figures Egyptiennes, en syco-
more.

301. = Différens lots de Pierres gravées ,
montées et non montées.

302. = Médailles antiques et modernes , qui
seront divisées en plusieurs lots.

303. — Un microscope par les Dollond ,
composé de six lentilles de rechange, porte,
objets et différens accessoires bien complets
dans sa boîte d'acajou fermant à clef.

304. =- Deux vases en porcelaine du Japon,
vert Céladon montés en bronze doré.

305. — Une suite de 40 pièces environs de
porcelaine émaillé sur cuivre, de riche dessin
et d'une brillante couleur.

306. — Portrait du grand Dauphin , père de
de Louis XVI, peint sur émail.

307. — Samson endormi sur les genoux de
Dalila , par Verdier.

308. = Mad. de Pompadour , portrait à la
gouache.

309. = Portrait de J Lafontaine sur vélin.

310. = Un calvaire peint à l'huile sur une
plaque de jaspe.

311. = Portrait de Louis XV, dessus de
boîte peint à la gouache.

3₁2 == Hercule jeune , camée peint par Dégaud, père.

3₁3. == Un globe céleste fait à Londres en 1785. par Adamus , avec méridien en cuivre monté sur un pied d'acajou massif dans lequel se trouve placée une boussole.

314 == Un globe terrestre du même auteur, monté de même et avec une boussole.

3₁5. == Deux guéridons en acajou massif et d'une sculpture à jour aussi riche qu'élégante et d'une parfaite conservation.

3₁6. == Une lunette acromatique par Dollond , dont la description détaillée se trouve dans la boîte d'acajou qui la renferme.

3₁7 == Un compas de proportion ou étui de mathématiques très-complet dans sa boîte d'acajou fermant à clef.

3₁8. == Deux vases en porcelaine, fond gris avec fleurs bleues de Perse montés en bronze doré ; *l'un d'eux est fracturé.*

3₁9 == Une figure de bronze , Cérès cherchant sa fille Proserpine , elle est couronnée d'épis et tient d'une main un flambeau , à ses pieds sont les serpens ou dragons qui trainaient son char.

320. == Vase de fleurs, incrustations en burgos, avec cadre d'ébène.

3₂1. == Henri IV et Sully , bustes en bronze appliqués sur marbre blanc.